Todos los libros de Linkgua Ediciones cuentan con modelos de Inteligencia Artificial entrenados por hispanistas. Pregúntale al chat de tu libro lo que desees acerca de la obra o su autor/a.

Para **ebooks**: Accede a nuestro modelo de IA a través de este enlace.

Para **libros impresos**: Escanea el código QR de la portada con tu dispositivo móvil.

Obtén análisis detallados de nuestros libros, resúmenes, respuestas a tus preguntas y accede a nuestras ediciones críticas generativas para una experiencia de lectura más enriquecedora.
La transparencia y el respeto hacia la autoría de las fuentes utilizadas son distintivos básicos de nuestro proyecto. Por ello, las respuestas ofrecen, mediante un sistema de citas, las fuentes con las que han sido elaboradas.

Autores varios

Constitución de Nicaragua de 1987

Barcelona 2024
Linkgua-ediciones.com

Créditos

Título original: Constitución de Nicaragua de 1987.

© 2024, Red ediciones S.L.

e-mail: info@linkgua.com

Diseño de cubierta: Michel Mallardi

ISBN rústica ilustrada: 978-84-9007-139-7.
ISBN tapa dura: 978-84-1126-737-3.
ISBN ebook: 978-84-9897-605-2.

Sumario

Constitución de Nicaragua, 1987

Introducción

El 9 de Enero de 1987, la Asamblea Nacional de Nicaragua, culminó su labor constituyente, con la aprobación de la nueva «CONSTITUCIÓN POLÍTICA», que fue promulgada por el Presidente de la República ese mismo día, frente al pueblo reunido multitudinariamente para celebrar el magno acontecimiento.

Hemos decidido la publicación de su texto, por cuanto consideramos que su conocimiento reviste singular importancia para los pueblos de América, para todos los que entienden que «esta es un hora decisiva», es la hora de América Latina, y es nuestro deber caminar juntos cada minuto de este tiempo[1] y especialmente para los estudiantes y estudiosos del derecho constitucional y político.

La publicación se integra con el informe brindado en ese acto, por el Presidente de la Asamblea Nacional, Comandante de la Revolución Carlos Nuñez Tellez, que refleja —sucintamente— el proceso de formación constitucional. Los miembros del Consejo de la ASOCIACIÓN AMERICANA DE JURISTAS, que tuvieron el privilegio de asistir a algunos Cabildos Abiertos y al debate de la Asamblea Nacional, comprobaron la vasta y efectiva participación popular,

---

1 Del discurso pronunciado en el acto de promulgación de la CONSTITUCIÓN Política de Nicaragua, por el Presidente del Perú, doctor Alan García, realizado en la Plaza de la Revolución, de Managua, el 9 de enero de 1987.

y la profundidad y carácter polémico de la discusión de los Constituyentes. Es preciso destacar la ejemplar conducta política del FRENTE SANDINISTA DE LIBERACIÓN NACIONAL, ya que disponiendo de una holgada mayoría en la Asamblea Nacional, por haberse obtenido el 67 % de los votos en las elecciones más cristalinas de la historia de Nicaragua según los certificaron unánimemente los más de 300 observadores internacionales, lejos de imponer su posición, buscó en todo momento que cada uno de los artículos de la Carta Magna, fueran el producto del mayor consenso posible de las demás fuerzas políticas representadas.

La vocación de legitimidad de la Revolución Sandinista se ha puesto reiteradamente de manifiesto, en dramático contraste con la agresión promovida, estimulada, financiada y organizada por el gobierno de los EE.UU. El apoyo en el derecho es una constante de la acción del gobierno de Nicaragua, tanto en lo interno como en lo externo. En cambio EE.UU. se burla de las sentencias de la Corte Internacional de Justicia y las resoluciones de la Asamblea General de las Naciones Unidas, del derecho internacional y de su propio derecho interno.

Con la convicción de que en Nicaragua se juega el destino de todos nuestros pueblos, el derecho a su autodeterminación, y que «nada de lo que ocurre en América Latina debe ser extraño para un latinoamericano, cada bala disparada en nuestro continente es una agresión contra todos, y nuestro mayor deber entonces es la solidaridad». En cumplimiento de ese deber solidario y de la lucha por el progreso del derecho, la justicia y la libertad, realizamos esta edición.

EL PRESIDENTE DE LA REPÚBLICA
Hace saber al pueblo de Nicaragua que la Asamblea Nacional Constituyente ha consultado con el pueblo, discutido y aprobado la siguiente CONSTITUCIÓN Política:

Preámbulo

NOSOTROS, Representantes del Pueblo de Nicaragua, reunidos en Asamblea Nacional Constituyente,
EVOCANDO la lucha de nuestros antepasados indígenas.
El espíritu de unidad centroamericana y la tradición combativa de nuestro Pueblo que, inspirado en el ejemplo del General JOSÉ DOLORES ESTRADA, ANDRÉS CASTRO y ENMANUEL MONGALO, derrotó al dominio filibustero y la intervención norteamericana en la Guerra Nacional.
La gesta anti intervencionista de BENJAMÍN ZELEDÓN.
Al General de Hombres Libres, AUGUSTO C. SANDINO, Padre de la Revolución Popular y Antiimperialista.
La acción heroica de RIGOBERTO LÓPEZ PÉREZ indicador del principio del fin de la dictadura.
El ejemplo de CARLOS FONSECA, el más alto continuador de la herencia de Sandino, fundador del Frente Sandinista de Liberación Nacional y Jefe de la Revolución.
A todas las generaciones de Héroes y Mártires que forjaron y desarrollaron la lucha de liberación por la independencia nacional.
EN NOMBRE del pueblo nicaragüense; de todos los partidos y organizaciones democráticas, patrióticas y revolucionarias de Nicaragua; de sus hombres y mujeres; de sus obreros y campesinos; de su gloriosa juventud; de sus heroicas madres; de los cristianos que desde su fe en Dios se han comprometido e insertado en la lucha por la liberación de los oprimidos; de sus intelectuales patrióticos; y de todos los que con su trabajo productivo contribuyen a la defensa de la Patria.

De los que luchan y ofrendan sus vidas frente a la agresión imperialista para garantizar la felicidad de las nuevas generaciones.

POR la institucionalización de las conquistas de la Revolución y la construcción de una nueva sociedad que elimine toda clase de explotación y logre la igualdad económica, políticas y social de los nicaragüenses y el respeto absoluto de los derechos humanos.

POR LA PATRIA, POR LA REVOLUCIÓN, POR LA UNIDAD DE LA NACIÓN Y POR LA PAZ. PROMULGAMOS LA SIGUIENTE CONSTITUCIÓN POLÍTICA DE LA REPÚBLICA DE NICARAGUA

Título I. Principios fundamentales

Capítulo único

Artículo 1.º La independencia, la soberanía y la autodeterminación nacional son derechos irrenunciables del pueblo y fundamentos de la nación nicaragüense. Toda injerencia extranjera en los asuntos internos de Nicaragua o cualquier intento de menoscabar esos derechos, atentan contra la vida del pueblo. Es derecho del pueblo y deber de todos los ciudadanos, preservar y defender con armas en la mano si es preciso, la independencia de la autodeterminación nacional.

Artículo 2. La soberanía nacional reside en el pueblo, fuente de todo poder y forjador de su propio destino. El pueblo ejerce la democracia decidiendo y participando libremente en la construcción del sistema económico, político y social que más conviene a sus intereses. El poder lo ejerce el pueblo directamente y por medio de sus representantes libremente elegidos de acuerdo al sufragio universal, igual, directo, libre y secreto.

Artículo 3. La lucha por la paz y por el establecimiento de un orden internacional justo, son compromisos irrenunciables de la nación nicaragüense. Por ello nos oponemos a todas las formas de dominación y explotación colonialista e imperialista y somos solidarios con todos los pueblos que luchan contra la opresión y la discriminación.

Artículo 4. El pueblo nicaragüense ha constituido un nuevo Estado para promover sus intereses y garantizar sus conquistas sociales y políticas. El Estado es el principal instrumento del pueblo para eliminar toda forma de sumisión y explotación del ser humano, para impulsar el progreso material y espiritual de toda la nación y garantizar que prevalezcan los intereses y derechos de las mayorías.

Artículo 5. El Estado garantiza la existencia del pluralismo político, la economía mixta y el no alineamiento. El pluralismo político asegura la existencia y participación de todas las organizaciones políticas en los asuntos económicos, políticos y sociales del país, sin restricciones ideológicas, excepto aquellas que pretendan el retorno al pasado o propugnen por establecer un sistema político similar. La economía mixta asegura la existencia de distintas formas de propiedad; pública, privada, asociativa, cooperativa y comunitaria; todas deben estar en función de los intereses superiores de la nación y contribuir a la creación de riquezas para satisfacción de las necesidades del país y sus habitantes. Nicaragua fundamenta sus relaciones internacionales en el principio del no alineamiento, en la búsqueda de la paz y en el respeto a la soberanía de todas las naciones; por esto, se opone a cualquier forma de discriminación, es anticolonialista, antiimperialista, antirracista y rechaza toda subordinación de un Estado a otro Estado.

Título II. Sobre el Estado

Capítulo único

Artículo 6. Nicaragua es un Estado independiente, libre, soberano, unitario e indivisible.

Artículo 7. Nicaragua es una república democrática, participativa y representativa. Son órganos del gobierno: el Poder Legislativo, el Poder Ejecutivo, el Poder Judicial y el Poder Electoral.

Artículo 8. El pueblo de Nicaragua es de naturaleza multiétnica y parte integrante de la nación centroamericana.

Artículo 9. Nicaragua defiende firmemente la unidad centroamericana, apoya y promueve todos los esfuerzos para lograr la integración política y económica y la cooperación en América Central, así como los esfuerzos por establecer y preservar la paz en la región. Nicaragua aspira a la unidad de los pueblos de América Latina y el Caribe, inspirada en los ideales de Bolívar y Sandino. En consecuencia, participará con los demás países centroamericanos y latinoamericanos en la creación o elección de los organismos necesarios para tales fines. Este principio se regulará por la legislación y los tratados respectivos.

Artículo 10. El territorio nacional se localiza entre los océanos Atlántico y Pacífico y las repúblicas de Honduras y Costa Rica. Comprende las islas y cayos adyacentes, el suelo y el subsuelo, el mar territorial, las plataformas continentales, los zócalos submarinos, el espacio aéreo y la estratosfera. Los límites precisos del territorio nacional se fijan por leyes y tratados.

Artículo 11. El español es el idioma oficial del Estado. Las lenguas de las Comunidades de la Costa Atlántica de Nicaragua también tendrán uso oficial en los casos que establezca la ley.

Artículo 12. La ciudad de Managua es la capital de la República y sede de los poderes del Estado. En circunstancias extraordinarias, éstos se podrán establecer en otras partes del territorio nacional.

Artículo 13. Los símbolos patrios son: el Himno Nacional, la Bandera y el Escudo establecidos por la ley que determina sus características y usos.

Artículo 14. El Estado no tiene religión oficial.

Título III. La nacionalidad nicaragüense

Capítulo único

Artículo 15. Los nicaragüenses son nacionales o nacionalizados.

Artículo 16. Son nacionales:
Los nacidos en el territorio nacional. Se exceptúan los hijos de extranjeros en servicio diplomático, los de funcionarios extranjeros al servicio de organizaciones internacionales o los de enviados por sus gobiernos a desempeñar trabajos en Nicaragua, a menos que optaren por la nacionalidad nicaragüense.

1. Los hijos de padre o madre nicaragüense.
2. Los nacidos en el extranjero de padre o madre que originalmente fueron nicaragüenses, siempre y cuando lo solicitaren después de alcanzar la mayoría de edad o emancipación.
3. Los infantes de padres extranjeros nacidos a borde de aeronaves y embarcaciones nicaragüenses, siempre que ellos lo solicitaren.

Artículo 17. Los centroamericanos de origen tienen derecho de optar a la nacionalidad nicaragüense, sin necesidad de renunciar a su nacionalidad y pueden solicitarla ante autoridad competente cuando residan en Nicaragua.

Artículo 18. La Asamblea Nacional podrá declarar nacionales a extranjeros que se hayan distinguido por méritos extraordinarios al servicio de Nicaragua.

Artículo 19. Los extranjeros pueden ser nacionalizados, previa renuncia a su nacionalidad y mediante solicitud ante autoridad competente, cuando cumplieren los requisitos y condiciones que establezcan las leyes de la materia.

Artículo 20. Ningún nacional puede ser privado de su nacionalidad, excepto que adquiera voluntariamente otra; tampoco perderá su nacionalidad nicaragüense cuando adquiera la de otro país centroamericano o hubiera convenio de doble nacionalidad.

Artículo 21. La adquisición, pérdida y recuperación de la nacionalidad serán regulados por las leyes.

Artículo 22. En los casos de doble nacionalidad se procede conforme los tratados y el principio de reciprocidad.

Título IV. Derechos, deberes y garantías del pueblo nicaragüense

Capítulo I. Derechos individuales

Artículo 23. El derecho a la vida es inviolable e inherente a la persona humana. En Nicaragua no hay pena de muerte.

Artículo 24. Toda persona tiene deberes para con la familia, la comunidad, la patria y la humanidad. Los derechos de cada persona están limitados por los derechos de los demás, por la seguridad de todos y por las justas exigencias del bien común.

Artículo 25. Toda persona tiene derecho:

1. A la libertad individual.
2. A su seguridad.
3. Al reconocimiento de su personalidad y capacidad jurídica.

Artículo 26. Toda persona tiene derecho:

1. A su vida privada y la de su familia.
2. A la inviolabilidad de su domicilio, su correspondencia y sus comunicaciones.
3. Al respeto de su honra y reputación.

El domicilio solo puede ser allanado por orden escrita de juez competente o de autoridad expresamente facultada para ello;

para impedir la comisión de un delito y para evitar daños a las personas o bienes, de acuerdo al procedimiento que prescriba la ley.

La ley fija los casos y procedimientos para el examen de documentos privados, libros contables y sus anexos cuando sea indispensable para esclarecer asuntos sometidos al conocimiento de los tribunales de justicia o por motivos fiscales.

Las cartas, documentos y demás papeles privados substraídos ilegalmente no producen efecto alguno en juicio o fuera de él.

Artículo 27. Todas las personas son iguales ante la ley y tienen derechos a igual protección. No habrá discriminación por motivo de nacimiento, nacionalidad, credo político, raza, sexo, idioma religión, opinión, origen, posición económica o condición social. Los extranjeros tienen los mismos deberes y derechos que los nicaragüenses, con la excepción de los derechos políticos y los que establezcan las leyes; no pueden intervenir en los asuntos políticos del país. El Estado respeta y garantiza los derechos reconocidos en la presente CONSTITUCIÓN a todas las personas que se encuentren en su territorio y estén sujetas a su jurisdicción.

Artículo 28. Los nicaragüenses que se encuentren temporalmente en el extranjero gozan del amparo y protección del Estado por medio de sus representaciones diplomáticas.

Artículo 29. Toda persona tiene derecho a la libertad de conciencia, de pensamiento y de profesar o no una religión. Nadie puede ser objeto de medidas coercitivas que puedan menoscabar estos derechos ni a ser obligado a declarar su credo, ideología o creencia.

Artículo 30. Los nicaragüenses tienen derecho a expresar libremente su pensamiento en público o en privado, individual o colectivamente, en forma oral, escrita o por cualquier otro medio.

Artículo 31. Los nicaragüenses tienen derecho a circular y fijar residencia en cualquier parte del territorio nacional; a entrar y salir libremente del país.

Artículo 32. Ninguna persona está obligada a hacer lo que la ley no mande, ni impedida de hacer lo que ella no prohibe.

Artículo 33. Nadie puede ser sometido a detención o prisión arbitraria, ni ser privado de su libertad, salvo por causas fijadas por la ley y con arreglo a un procedimiento legal.
En consecuencia:
1. La detención solo podrá efectuarse en virtud de mandamiento escrito de juez competente o de las autoridades que expresamente faculte la ley, salvo el caso de flagrante delito.
2. Todo detenido tiene derecho:
a) A ser informado sin demora, en idioma o lengua que comprenda y en forma detallada, de las causas de su detención y de la acusación formulada en su contra, a que se informe a su familia de su detención; y también a ser tratado con el respeto debido a la dignidad inherente al ser humano.
b) A ser puesto ante autoridad expresamente facultada por la ley dentro del plazo máximo de setenta y dos horas.
3. Una vez cumplida la pena impuesta, nadie continuará detenido después de dictarse la orden de excarcelación por la autoridad competente.

4. Toda detención ilegal causa responsabilidad de parte de la autoridad respectiva.

5. Los organismos correspondientes procurarán que los procesados y los condenados guarden prisión en centros diferentes.

Artículo 34. Todo procesado tiene derecho, en igualdad de condiciones, a las siguientes garantías mínimas:

1. A que se presuma su inocencia mientras no se pruebe su culpabilidad conforme a la ley.

2. A ser juzgado sin dilaciones por tribunal competente establecido por la ley.

3. A no ser substraído de juez competente, excepto los casos previstos en esta CONSTITUCIÓN y las leyes.

4. A que se garantice su intervención y defensa el inicio del proceso y a disponer de tiempo y medios adecuados para su defensa.

5. A que se le nombre defensor de oficio cuando en la primera intervención no hubiera designado defensa; o cuando no fuere habido, previo llamamiento por edicto. El procesado tiene derecho a comunicarse libre y privadamente con su defensor.

6. A ser asistido gratuitamente por un intérprete si no comprende o no habla el idioma empleado por el tribunal.

7. A no ser obligado a declarar contra sí mismo ni contra su cónyuge o compañero en unión de hecho estable, o sus parientes dentro del cuarto grado de consanguinidad o segundo de afinidad, ni a confesarse culpable.

8. A que se le dicte sentencia absolutoria o condenatoria dentro de los términos legales, en cada una de las instancias correspondientes.

9. A recurrir ante un tribunal superior a fin de que su caso sea revisado cuando hubiere sido condenado por cualquier delito; y a no ser procesado nuevamente por el delito por el cual fue condenado o absuelto mediante sentencia firme.

10. A no ser procesado ni condenado por acto u omisión que, al tiempo de cometerse, no esté previamente calificado en la ley de manera expresa e inequívoca como punible, ni sancionado con pena no prevista en la ley. El proceso penal debe ser público, pero en casos de excepción la prensa y el público en general podrán ser excluidos por consideraciones de moral, orden público, o seguridad nacional.

Artículo 35. Los menores no pueden ser sujeto ni objeto de juzgamiento ni sometidos a procedimiento judicial alguno. Los menores transgresores no pueden ser conducidos a los centros de readaptación penal y serán atendidos en centros bajo la responsabilidad del organismo especializado. Una ley regulará esta materia.

Artículo 36. Toda persona tiene derecho a que se respete su integridad física, psíquica y moral. Nadie será sometido a torturas, procedimientos, penas ni a tratos crueles, inhumanos o degradantes. La violación de este derecho constituye delito y será penado por la ley.

Artículo 37. La pena no transciende de la persona del condenado. No se impondrá pena o penas que, aisladamente o en conjunto, duren más de treinta años.

Artículo 38. La ley no tiene efecto retroactivo, excepto en materia penal cuando favorezca al reo.

Artículo 39. En Nicaragua, el sistema penitenciario es humanitario y tiene como objetivo fundamental la transformación del interno para reintegrarlo a la sociedad. Por medio del sistema progresivo promueve la unidad familiar, la salud, la superación educativa, cultural y la ocupación productiva con remuneración salarial para el interno. Las penas tiene un carácter reeducativo. Las mujeres condenadas guardarán prisión en centros penales distintos a los de los hombres y se procurará que los guardas sean del mismo sexo.

Artículo 40. Nadie será sometido a servidumbre. La esclavitud y la trata de cualquier naturaleza, están prohibidas en todas sus formas.

Artículo 41. Nadie será detenido por deudas. Este principio no limita los mandatos de autoridad judicial competente por incumplimiento de deberes alimentarios. Es deber de cualquier ciudadano nacional o extranjero pagar lo que adeuda.

Artículo 42. En Nicaragua se garantiza el derecho de asilo a los perseguidos por luchar en pro de la democracia, la paz, la justicia y los derechos humanos. La ley determinará la condición de asilado o refugiado político, de acuerdo con los convenios internacionales ratificados por Nicaragua. En caso de que se acordara la expulsión de un asilado nunca podrá enviársele al país donde fuese perseguido.

Artículo 43. En Nicaragua no existe extradición por delitos políticos o comunes conexos con ellos, según calificación nicaragüense. La extradición por delitos comunes está regulada por la ley y los tratados internacionales. Los nicaragüenses no podrán ser objeto de extradición del territorio nacional.

Artículo 44. Los nicaragüenses tienen derecho a la propiedad personal que le garantice los bienes necesarios y esenciales para su desarrollo integral.

Artículo 45. Las personas cuyos derechos constitucionales hayan sido violados o estén en peligro de serlo, pueden interponer el recurso de exhibición personal o de amparo, según el caso y de acuerdo con la Ley de Amparo.

Artículo 46. En el territorio nacional toda persona goza de la protección estatal y del reconocimiento de los derechos inherentes a la persona humana, del irrestricto respeto, promoción y protección de los derechos humanos, y de la plena vigencia de los derechos consignados en la Declaración Universal de los Derechos Humanos; en la Declaración Americana de Derechos y Deberes del Hombre, en el Pacto Internacional de Derechos Económicos, Sociales y Culturales, en el Pacto Internacional de Derechos Civiles y Políticos de la Organización de las Naciones Unidas y en la Convención Americana de Derechos Humanos de la Organización de Estados Americanos.

Capítulo II. Derechos políticos

Artículo 47. Son ciudadanos los nicaragüenses que hubieran cumplido dieciséis años de edad. Solo los ciudadanos gozan de los derechos políticos consignados en la CONSTITUCIÓN y las leyes, sin más limitaciones que las que se establezcan por razones de edad. Los derechos ciudadanos se suspenden por imposición de pena corporal grave o penas accesorias específicas y por sentencia ejecutoriada de interdicción civil.

Artículo 48. Se establece la igualdad incondicional de todos los nicaragüenses en el goce de sus derechos políticos, en el ejercicio de los mismos y en el cumplimiento de sus deberes y responsabilidades, existe igualdad absoluta entre el hombre y la mujer. Es obligación del Estado eliminar los obstáculos que impidan de hecho la igualdad entre los nicaragüenses y su participación efectiva en la vida política, económica y social del país.

Artículo 49. En Nicaragua tienen derecho de constituir organizaciones los trabajadores de la ciudad y del campo, las mujeres, los jóvenes, los productores agropecuarios, los artesanos, los profesionales, los técnicos, los intelectuales, los artistas, los religiosos, las Comunidades de la Costa Atlántica y los pobladores en general, sin discriminación alguna, con el fin de lograr la realización de sus aspiraciones según sus propios intereses y participar en la construcción de una nueva sociedad. Estas organizaciones se formarán de acuerdo a la voluntad participativa y electiva de los ciudadanos, tendrán una función social y podrán o no tener carácter partidario, según su naturaleza y fines.

Artículo 50. Los ciudadanos tienen derecho de participar en igualdad de condiciones en los asuntos públicos y en la gestión estatal. Por medio de la ley se garantizará, nacional y localmente, la participación efectiva del pueblo.

Artículo 51. Los ciudadanos tienen derecho a elegir y ser elegidos en elecciones periódicas y optar a cargos públicos.

Artículo 52. Los ciudadanos tienen derecho de hacer peticiones, denunciar anomalías y hacer críticas constructivas, en forma individual o colectiva, a los Poderes del Estado o cualquier autoridad; de obtener una pronta resolución o respuesta y de que se les comunique lo resuelto en los plazos que la ley establezca.

Artículo 53. Se reconoce el derecho de reunión pacífica; el ejercicio de este derecho no requiere permiso previo.

Artículo 54. Se reconoce el derecho de concentración, manifestación y movilización pública de conformidad con la ley.

Artículo 55. Los ciudadanos nicaragüenses tienen derecho de organizar o afiliarse a partidos políticos, con el fin de participar, ejercer y optar al poder.

Capítulo III. Derechos sociales

Artículo 56. El Estado prestará atención especial en todos sus programas a los defensores de la dignidad, el honor y la soberanía de la nación, a los familiares de éstos, y de los caídos en defensa de la misma, de acuerdo a las leyes.

Artículo 57. Los nicaragüenses tienen el derecho al trabajo acorde con naturaleza humana.

Artículo 58. Los nicaragüenses tienen derecho a la educación y a la cultura.

Artículo 59. Los nicaragüense tienen derecho, por igual, a la salud. El Estado establecerá las condiciones básicas para su promoción, protección, recuperación y rehabilitación. Corresponde al Estado dirigir y organizar los programas, servicios y acciones de salud y promover la participación popular en defensa de la misma. Los ciudadanos tienen la obligación de acatar las medidas sanitarias que se determinen.

Artículo 60. Los nicaragüenses tienen derecho de habitar en un ambiente saludable; es obligación del Estado la preservación, conservación y rescate del medio ambiente y de los recursos naturales.

Artículo 61. El Estado garantiza a los nicaragüenses el derecho a la seguridad social para su protección integral frente a las contingencias sociales de la vida y el trabajo, en la forma y condiciones que determine la ley.

Artículo 62. El Estado procurará establecer programas en beneficio de los discapacitados para su rehabilitación física, sicosocial y profesional y para su ubicación laboral.

Artículo 63. Es derecho de los nicaragüenses estar protegidos contra el hambre. El Estado promoverá programas que aseguren una adecuada disponibilidad de alimentos y una distribución equitativa de los mismos.

Artículo 64. Los nicaragüenses tienen derecho a una vivienda digna, cómoda y segura que garantice la privacidad familiar. El Estado promoverá la realización de este derecho.

Artículo 65. Los nicaragüenses tienen derecho al deporte, a la educación física, a la recreación y al esparcimiento. El Estado impulsará la práctica del deporte y la educación física, mediante la participación organizada y masiva del pueblo, para la formación integral de los nicaragüenses. Esto se realizará con programas y proyectos especiales.

Artículo 66. Los nicaragüenses tienen derecho a la información veraz. Este derecho comprende la libertad de buscar, recibir y difundir informaciones e ideas, ya sea de manera oral, por escrito, gráficamente o por cualquier otro procedimiento de su elección.

Artículo 67. El derecho de informar es una responsabilidad social y se ejerce con estricto respeto a los principios establecidos en la CONSTITUCIÓN. Este derecho no puede estar sujeto a censura, sino a responsabilidades ulteriores establecidas en la ley.

Artículo 68. Los medios de comunicación social están al servicio de los intereses nacionales. El Estado promoverá el acceso del pueblo y sus organizaciones a los medios de comunicación y evitará que éstos sean sometidos a intereses extranjeros o al monopolio del poder económico de algún grupo. La existencia y funcionamiento de los medios de comunicación públicos, corporativos y privados no serán objeto de censura previa y estarán sujetos a lo establecido en la ley.

Artículo 69. Todas las personas, individual o colectivamente, tienen derecho a manifestar sus creencias religiosas en privado o en público, mediante el culto, las prácticas y su enseñanza. Nadie puede eludir la observancia de las leyes ni impedir a otros el ejercicio de sus derechos y el cumplimiento de sus deberes invocando creencias o disposiciones religiosas.

Capítulo IV. Derechos de la familia

Artículo 70. La familia es el núcleo fundamental de la sociedad y tiene derecho a la protección de ésta y del Estado.

Artículo 71. Es derecho de los nicaragüenses constituir una familia. La ley regulará y protestará este derecho.

Artículo 72. El matrimonio y la unión de hecho estable están protegidos por el Estado; descansan en el acuerdo voluntario del hombre y la mujer y podrán disolverse por mutuo consentimiento o por la voluntad de una de las partes. La ley regulará esta materia.

Artículo 73. Las relaciones familiares descansan en el respeto, solidaridad e igualdad absoluta de derechos y responsabilidades entre el hombre y la mujer. Los padres deben atender el mantenimiento del hogar y la formación integral de los hijos mediante el esfuerzo común, con iguales derechos y responsabilidades. Los hijos a la vez, están obligados a respetar y ayudar a sus padres. Estos deberes y derechos se cumplirán de acuerdo con la legislación de la materia.

Artículo 74. El Estado otorga protección especial al proceso de reproducción humana. La mujer tendrá protección especial durante el embarazo y gozará de licencia con remuneración salarial y prestaciones adecuadas de seguridad social.

Nadie podrá negar empleo a las mujeres aduciendo razones de embarazo ni despedirlas durante éste o en el período postnatal; todo de conformidad con la ley.

Artículo 75. Todos los hijos tienen iguales derechos. No se utilizarán designaciones discriminatorias en materia de filiación. En la legislación común, no tienen ningún valor las disposiciones o clasificaciones que disminuyan o nieguen la igualdad de los hijos.

Artículo 76. El Estado creará programas y desarrollará centros especiales para velar por los menores; éstos tienen derecho a las medidas de prevención, protección y educación que su condición requiere, por parte de su familia, de la sociedad y el Estado.

Artículo 77. Los ancianos tienen derecho a medidas de protección por parte de la familia, la sociedad y el Estado.

Artículo 78. El Estado protege la paternidad y maternidad responsable. Se establece el derecho de investigar la paternidad y la maternidad.

Artículo 79. Se establece el derecho de adopción en interés exclusivo del desarrollo integral del menor. La ley regulará esta materia.

Capítulo V. Derechos laborales

Artículo 80. El trabajo es un derecho y una responsabilidad social. El trabajo de los nicaragüenses es el medio fundamental para satisfacer las necesidades de la sociedad, de las personas y es fuente de riqueza y prosperidad de la nación. El Estado procurará la ocupación plena y productiva de todos los nicaragüenses, en condiciones que garanticen los derechos fundamentales de la persona.

Artículo 81. Los trabajadores tienen derecho de participar en la gestión de las empresas, por medio de sus organizaciones y de conformidad con la ley.

Artículo 82. Los trabajadores tienen derecho a condiciones de trabajo que les aseguren en especial:

1. Salario igual por trabajo igual en idénticas condiciones, adecuado a su responsabilidad social, sin discriminaciones por razones políticas, religiosas, sociales, de sexo o de cualquier otra clase, que les asegure un bienestar compatible con la dignidad humana.
2. Ser remunerado en moneda de curso legal en su centro de trabajo.
3. La inembargabilidad del salario mínimo y las prestaciones sociales, excepto para protección de su familia y en los términos que establezca la ley.
4. Condiciones de trabajo que les garanticen la integridad física, la salud, la higiene y la disminución de los riesgos profesionales para hacer efectiva la seguridad ocupacional del trabajador.
5. Jornada laboral de ocho horas, descanso semanal, vacaciones, remuneración por los días feriados nacionales y salario por décimo tercer mes de conformidad con la ley.

6. Estabilidad en el trabajo conforme a la ley e igual oportunidad de ser promovido, sin más limitaciones que los factores de tiempo, servicio, capacidad, eficiencia y responsabilidad.
7. Seguridad social para protección integral y medios de subsistencia en casos de invalidez, vejez, riesgos profesionales, enfermedad y maternidad; y a sus familiares en casos de muerte, en la forma y condiciones que determinen la ley.

Artículo 83. Se reconoce el derecho a la huelga.

Artículo 84. Se prohibe el trabajo de los menores, en labores que puedan afectar su desarrollo normal o su ciclo de instrucción obligatoria. Se protegerá a los niños y adolescentes contra cualquier clase de explotación económica y social.

Artículo 85. Los trabajadores tiene derecho a su formación cultural, científica y técnica; el Estado la facilitará mediante programas especiales.

Artículo 86. Todo nicaragüense tiene derecho a elegir y ejercer libremente su profesión u oficio y a escoger un lugar de trabajo sin más requisitos que el título académico y que cumpla una función social.

Artículo 87. En Nicaragua existe plena libertad sindical. Los trabajadores se organizarán voluntariamente en sindicatos y éstos podrán constituirse conforme lo establece la ley. Ningún trabajador está obligado a pertenecer a determinado sindicato, ni renunciar al que pertenezca. Se reconoce la plena autonomía sindical y se respeta el fuero sindical.

Artículo 88. Se garantiza el derecho inalienable de los trabajadores para que, en defensa de sus intereses particulares o gremiales, celebren con los empleadores:

1. Contratos individuales.
2. Convenios colectivos. Ambos de conformidad con la ley.

Capítulo VI. Derechos de las comunidades de la Costa Atlántica

Artículo 89. Las Comunidades de la Costa Atlántica son parte indisoluble del pueblo nicaragüense y como tal gozan de los mismos derechos y tienen las mismas obligaciones. Las Comunidades de la Costa Atlántica tienen el derecho de preservar y desarrollar su identidad cultural en la unidad nacional; dotarse de sus propias formas de organización social y administrar sus asuntos locales conforme a sus tradiciones. El Estado reconoce las formas comunales de propiedad de las tierras de las Comunidades de la Costa Atlántica. Igualmente reconoce el goce, uso y disfrute de las aguas y bosques de sus tierras comunales.

Artículo 90. Las Comunidades de la Costa Atlántica tienen derecho a la libre expresión y preservación de sus lenguas, arte y cultura. El desarrollo de su cultura y sus valores enriquece la cultura nacional. El Estado creará programas especiales para el ejercicio de estos derechos.

Artículo 91. El Estado tiene la obligación de dictar leyes destinadas a promover acciones que aseguren que ningún nicaragüense sea objeto de discriminación por razón de su lengua, cultura y origen.

37

Título V. Defensa nacional

Capítulo único

Artículo 92. Es deber y derecho de todos los nicaragüenses luchar por la defensa de la vida, de la patria, de la justicia y de la paz para el desarrollo integral de la nación.

Artículo 93. El pueblo nicaragüense tiene derecho de armarse para defender su soberanía, su independencia y sus conquistas revolucionarias. Es deber del Estado dirigir, organizar y armar al pueblo para garantizar este derecho.

Artículo 94. La defensa de la Patria y la Revolución descansa en la movilización y participación organizada de todo el pueblo en la lucha contra sus agresores. El Estado promoverá la incorporación masiva del pueblo a las distintas modalidades y tareas de la defensa del país.

Artículo 95. El Ejército Popular Sandinista tiene carácter nacional y debe guardar protección, respeto y obediencia a la presente CONSTITUCIÓN Política. El Ejército Popular Sandinista es el brazo armado del pueblo y heredero directo del Ejército Defensor de la Soberanía Nacional. El Estado prepara, organiza y dirige la participación popular en la defensa armada de la patria, por medio del Ejército Popular Sandinista. No pueden existir más cuerpos armados en el territorio nacional que los establecidos por la ley, la cual regulará las bases de la organización militar.

Artículo 96. Los nicaragüenses tienen el deber de empuñar las armas, para defender la Patria y las conquistas del pueblo ante agresiones y amenazas de un país extranjero o de fuerzas dirigidas y apoyadas por cualquier país. Se establece el Servicio Militar Patriótico, de acuerdo con los términos de la ley.

Artículo 97. La lucha contra las acciones promovidas desde el exterior para subvertir el orden revolucionario construido por el pueblo nicaragüense y el enfrentamiento a las actividades delictivas y antisociales, forman parte integral de la defensa de la Revolución. El Estado crea los cuerpos de seguridad y orden interior, cuyas funciones están determinadas por la ley.

Título VI. Economía nacional, reforma agraria y finanzas públicas

Capítulo I. Economía nacional

Artículo 98. La función principal del Estado en la economía es desarrollar materialmente el país, suprimir el atraso y la dependencia heredados; mejorar las condiciones de vida del pueblo y realizar una distribución cada vez más justa de la riqueza.

Artículo 99. El Estado dirige y planifica la economía nacional para garantizar y defender los intereses de las mayorías y orientarlas en función de los objetivos del progreso económico-social. La Banca Central, el Sistema Financiero Nacional, los Seguros y Reaseguros y el Comercio Exterior, como instrumentos de la dirección económica, corresponden al área estatal de manera irrenunciable.

Artículo 100. El Estado promulgará la Ley de Inversiones Extranjeras, a fin de que contribuya al desarrollo económico-social del país, sin detrimento de la soberanía nacional.

Artículo 101. Los trabajadores y demás sectores productivos, tienen el derecho de participar en la elaboración, ejecución y control de los planes económicos.

Artículo 102. Los recursos naturales son patrimonio nacional. La preservación del ambiente y la conservación, desarrollo y explotación racional de los recursos naturales corresponden al Estado; éste podrá celebrar contratos de explotación racional de estos recursos, cuando el interés nacional lo requiera.

Artículo 103. El Estado garantiza la coexistencia democrática de las formas de propiedad pública, privada, cooperativa, asociativa y comunitaria; todas ellas forman parte de la economía mixta, están supeditadas a los intereses superiores de la Nación y cumplen una función social.

Artículo 104. Las empresas que se organicen bajo cualesquiera de las formas de propiedad establecidas en esta CONSTITUCIÓN, gozan de igualdad ante la ley y las políticas económicas del Estado. Los planes económicos de las empresas deberán ser elaborados con la participación de los trabajadores. La iniciativa económica es libre.

Artículo 105. Es obligación del Estado regular justa y racionalmente la distribución de los bienes básicos de consumo y su abastecimiento, tanto en el campo como en la ciudad. La especulación y el acaparamiento son incompatibles con el régimen económico-social y constituyen delitos graves contra el pueblo.

Capítulo II. Reforma agraria

Artículo 106. La Reforma agraria es instrumento fundamental para realizar una justa distribución de la tierra y medio estratégico para las transformaciones revolucionarias, el desarrollo nacional y el progreso social de Nicaragua. El Estado garantiza el desarrollo de la Reforma agraria, para dar cumplimiento pleno a las reivindicaciones históricas de los campesinos.

Artículo 107. La Reforma agraria abolirá el latifundio, el rentismo, la ineficiencia en la producción y la explotación a los campesinos y promoverá las formas de propiedad compatibles con los objetivos económicos y sociales de la nación, establecidos en esta CONSTITUCIÓN.

Artículo 108. Se garantiza la propiedad de la tierra a todos los propietarios que la trabajen productiva y eficientemente. La ley establecerá regulaciones particulares y excepciones, de conformidad con los fines y objetivos de la Reforma agraria.

Artículo 109. El Estado promoverá la asociación voluntaria de los campesinos en cooperativas agrícolas, sin discriminación de sexo y de acuerdo con sus recursos facilitará los medios materiales necesarios para elevar su capacidad técnica y productiva, a fin de mejorar las condiciones de vida de los campesinos.

Artículo 110. El Estado promoverá la incorporación voluntaria de pequeños y medianos productores agropecuarios a los planes de desarrollo económico y social del país, bajo formas asociativas e individuales.

Artículo 111. Los campesinos y demás sectores productivos tienen derecho de participar en la definición de las políticas de transformación agraria, por medio de sus propias organizaciones.

Capítulo III. De las finanzas públicas

Artículo 112. El Presupuesto General de la República tiene vigencia anual y su objeto es regular los ingresos y egresos de la administración pública. El Presupuesto deberá mostrar las distintas fuentes y destinos de los ingresos y egresos, los que guardarán concordancia y determinarán los límites de gastos de los órganos del Estado. No se puede crear ningún gasto extraordinario sino por ley y mediante creación y fijación al mismo tiempo de los recursos para financiarlos.

Artículo 113. El Presupuesto será elaborado por el Presidente de la República y aprobado, por la Asamblea Nacional en la Ley anual del Presupuesto, de conformidad a lo establecido en la presente CONSTITUCIÓN y en la ley.

Artículo 114. El sistema tributario debe tomar en consideración la distribución de la riqueza y de las rentas, así como las necesidades del Estado.

Artículo 115. Los impuestos deben ser creados por ley que establezca su incidencia, tipo impositivo y las garantías a los contribuyentes. El Estado no obligará a pagar impuestos que previamente no estén establecidos en una ley.

Título VII. Educación y cultura

Capítulo único

Artículo 116. La educación tiene como objetivo la formación plena e integral del nicaragüense; dotarlo de una conciencia crítica, científica y humanista; desarrollar su personalidad y el sentido de su dignidad y capacitarlo para asumir las tareas de interés común que demanda el progreso de la nación; por consiguiente, la educación es factor fundamental para la transformación y el desarrollo del individuo y la sociedad.

Artículo 117. La educación es un proceso único, democrático, creativo y participativo que vincula la teoría con la práctica, el trabajo manual con el intelectual y promueve la investigación científica. Se fundamenta en nuestros valores nacionales, en el conocimiento de nuestra historia, de la realidad, de la cultura nacional y universal y en el desarrollo constante de la ciencia y de la técnica; cultiva los valores propios del nuevo nicaragüense, de acuerdo con los principios establecidos en la presente CONSTITUCIÓN, cuyo estudio deberá ser promovido.

Artículo 118. El Estado promueve la participación de la familia, de la comunidad y del pueblo en la educación y garantiza el apoyo de los medios de comunicación social a la misma.

Artículo 119. La educación es función indeclinable del Estado. Corresponde a éste planificarla, dirigirla y organizarla.

El sistema nacional de educación funciona de manera integrada y de acuerdo con planes nacionales. Su organización y funcionamiento son determinados por la ley. Es deber del Estado formar y capacitar en todos los niveles y especialidades al personal técnico y profesional necesario para el desarrollo y transformación del país.

Artículo 120. Es papel fundamental del magisterio nacional la aplicación creadora de los planes y políticas educativas. Los maestros tienen derecho a condiciones de vida y trabajo acordes con su dignidad y con la importante función social que desempeñan; serán promovidos y estimulados de acuerdo con la ley.

Artículo 121. El acceso a la educación es libre e igual para todos los nicaragüenses. La enseñanza básica es gratuita y obligatoria. Las Comunidades de la Costa Atlántica tienen acceso en su región a la educación en su lengua materna en los niveles que se determine, de acuerdo con los planes y programas nacionales.

Artículo 122. Los adultos gozarán de oportunidades para educarse y desarrollar habilidades por medio de programas de capacitación y formación. El Estado continuará sus programas educativos para suprimir el analfabetismo.

Artículo 123. Los centros privados dedicados a la enseñanza pueden funcionar en todos los niveles, sujetos a los preceptos establecidos en la presente CONSTITUCIÓN.

Artículo 124. La educación en Nicaragua es laica. El Estado reconoce el derecho de los centros privados dedicados a la enseñanza y que sean de orientación religiosa, a impartir religión como materia extracurricular.

Artículo 125. La Educación Superior goza de autonomía financiera, orgánica y administrativa de acuerdo con la ley. Se reconoce la libertad de cátedra. El Estado promueve la libre creación, investigación y difusión de las ciencias, las artes y las letras.

Artículo 126. Es deber del Estado promover el rescate, desarrollo y fortalecimiento de la cultura nacional, sustentada en la participación creativa del pueblo. El Estado apoyará la cultura nacional en todas sus expresiones, sean de carácter colectivo o de creadores individuales.

Artículo 127. La creación artística y cultural es libre e irrestricta. Los trabajadores de la cultura tienen plena libertad de elegir formas y modos de expresión. El Estado procurará facilitarles los medios necesarios para crear y difundir sus obras y proteger su derecho de autor.

Artículo 128. El Estado protege el patrimonio arqueológico, histórico, lingüístico, cultural y artístico de la nación.

Título VIII. De la organización del Estado

Capítulo I. Principios generales

Artículo 129. Los Poderes Legislativo, Ejecutivo, Judicial y Electoral, son independientes entre sí y se coordinan armónicamente, subordinados únicamente a los intereses supremos de la nación y a lo establecido en la presente CONSTITUCIÓN.

Artículo 130. Ningún cargo concede a quien lo ejerce más funciones que las que le confieren la CONSTITUCIÓN y las leyes. Todo funcionario del Estado debe rendir cuenta de sus bienes antes de asumir su cargo y después de entregarlo. La ley regula esta materia.

Artículo 131. Los funcionarios de los cuatro poderes elegidos directa o indirectamente, responden ante el pueblo por el correcto desempeño de sus funciones y deben informarle de su trabajo y actividades oficiales. Deben atender y escuchar sus problemas y procurar resolverlos. La función pública se debe ejercer a favor de los intereses del pueblo. Todo funcionario tiene el deber de desempeñar eficaz y honestamente sus funciones y será responsable de sus actos omisiones. Se establece la carrera administrativa que será regulada por la ley.

Capítulo II. Poder Legislativo

Artículo 132. El Poder Legislativo lo ejerce la Asamblea Nacional, por delegación y mandato del pueblo. La Asamblea Nacional está integrada por noventa Representantes con sus respectivos suplentes, elegidos por voto universal, igual directo, libre y secreto en circunscripciones regionales mediante la aplicación del sistema de representación proporcional, regulado por la Ley Electoral. El número de Representantes podrá incrementarse de acuerdo con el censo general de población de conformidad con la ley.

Artículo 133. También forman parte de la Asamblea nacional como Representantes propietarios y suplentes respectivamente, los candidatos a Presidente y Vicepresidente de la República que, habiendo participado en la elección correspondiente, no hayan sido elegidos; en este caso, deben contar en la circunscripción nacional con un número de votos igual o superior al promedio de los cocientes regionales electorales.

Artículo 134. Para ser Representante ante la Asamblea Nacional se requiere de las siguientes calidades:

1. Ser Nacional de Nicaragua.
2. Estar en pleno goce de sus derechos civiles y políticos.
3. Haber cumplido veintiún años de edad.

Artículo 135. Ningún Representante ante la Asamblea Nacional puede obtener concesión alguna del Estado ni ser apoderado o gestor de empresas públicas, privadas o extranjeras en contrataciones de éstas con el Estado. La violación de esta disposición anula las concesiones o ventajas obtenidas y causa la pérdida de la representación.

Artículo 136. Los Representantes ante la Asamblea Nacional serán elegidos para un período de seis años, que se contará a partir de su instalación, el nueve de enero del año siguiente al de la elección.

Artículo 137. Los Representantes, propietarios y suplentes, electos para integrar la Asamblea Nacional prestarán la promesa de ley ante el Presidente del Consejo Supremo Electoral. La Asamblea Nacional será instalada por el Consejo Supremo Electoral.

Artículo 138. Son atribuciones de la Asamblea Nacional:

1. Elaborar y aprobar las leyes y decretos, así como reformar y derogar los existentes.
2. La interpretación auténtica de la ley.
3. Decretar amnistía e indultos, así como, conmutaciones o reducciones de penas.
4. Solicitar informes por medio del Presidente de la República a los Ministros o Viceministros de Estado y Presidentes o Directores de entes autónomos y gubernamentales. De la misma manera podrá pedir su comparecencia personal e interpelación.
5. Otorgar y cancelar la personalidad jurídica a las entidades de naturaleza civil o religiosa.
6. Conocer, discutir y aprobar el Presupuesto General de la República conforme al procedimiento establecido en la CONSTITUCIÓN y en la ley.
7. Elegir a los Magistrados de la Corte Suprema de Justicia y a los Ministros propietarios y suplentes del Consejo Supremo Electoral, de ternas propuestas por el Presidente de la República.

8. Elegir al Contralor General de la República de terna propuesta por el Presidente de la República.

9. Conocer, admitir y decidir sobre las renuncias o faltas definitivas de los Representantes ante la Asamblea Nacional.

10. Conocer y admitir las renuncias o destituciones de los Magistrados de la Corte Suprema de Justicia, de los Magistrados del Consejo Supremo Electoral y del Contralor General de la República.

11. Aprobar o desaprobar los tratados internacionales.

12. Regular todo lo relativo a los símbolos patrios.

13. Crear órdenes honoríficas y distinciones de carácter nacional.

14. Crear y otorgar sus propias órdenes de carácter nacional.

15. Recibir en sesión solemne al Presidente o al Vicepresidente de la República, para escuchar el informe anual.

16. Delegar las facultades legislativas al Presidente de la República durante el período de receso de la Asamblea Nacional, de acuerdo al Decreto Ley Anual Delegatorio de las funciones legislativas. Se exceptúa lo relativo a los códigos de la República.

17. Elegir su Junta Directiva.

18. Crear comisiones permanentes, especiales y de investigación.

19. Proponer pensiones de gracia y conceder honores a servidores distinguidos de la patria y de la humanidad.

20. Determinar la división política y administrativa del país.

21. Conocer las políticas y el plan de desarrollo económico y social del país.

22. Llenar las vacantes definitivas del Presidente o del Vicepresidente de la República.

23. Autorizar la salida del territorio nacional al Presidente de la República, cuando su ausencia sea mayor de un mes.

24. Conocer y resolver sobre las quejas presentadas contra los funcionarios que gozan de inmunidad.

25. Decretar su Estatuto General y Reglamento Interno.

26. Las demás que le confieren la CONSTITUCIÓN y las leyes.

Artículo 139. Los Representantes estarán exentos de responsabilidad por sus opiniones y votos emitidos en la Asamblea Nacional y gozan de inmunidad conforme a la ley.

Artículo 140. Tienen iniciativa de ley los Representantes ante la Asamblea Nacional y el Presidente de la República; también la Corte Suprema de Justicia y el consejo Supremo Electoral, en materias propias de su competencia. Este derecho de iniciativa será regulado por el Estatuto General y el Reglamento Interno de la Asamblea Nacional.

Artículo 141. El quórum para las sesiones de la Asamblea Nacional es la mitad más uno de sus miembros. Los proyectos de ley requerirán para su aprobación del voto favorable de la mayoría relativa de los Representantes presentes. Una vez aprobado el proyecto de ley, será enviado al Presidente de la República para su sanción, promulgación y publicación.

Artículo 142. El Presidente de la República podrá vetar total o parcialmente un proyecto de ley dentro de los quince días siguientes de haberlo recibido. Si no ejerciera esta facultad, ni sancionara, promulgara y publicara el proyecto, el Presidente de la Asamblea Nacional mandará a publicar la ley.

Artículo 143. Un proyecto de ley vetado total o parcialmente por el Presidente de la República deberá regresar a la Asamblea Nacional con expresión de los motivos del veto; ésta podrá rechazarlo con el voto de la mitad más uno del total de sus Representantes, en cuyo caso el Presidente de la Asamblea Nacional mandará a publicar la ley.

Capítulo III. Poder Ejecutivo

Artículo 144. El Poder Ejecutivo lo ejerce el Presidente de la República, quien es Jefe de Estado, Jefe de Gobierno y Jefe Supremo de las Fuerzas de Defensa y Seguridad de la Nación.

Artículo 145. El Vicepresidente de la República desempeña las funciones que el Presidente le delega y lo sustituirá en el cargo en caso de falta temporal o definitiva.

Artículo 146. La elección del Presidente y Vicepresidente de la República se realiza mediante el sufragio universal, igual, directo, libre y secreto. Serán elegidos quienes obtengan la mayoría relativa de votos.

Artículo 147. Para ser Presidente o Vicepresidente de la República se requiere de las siguientes calidades:

1. Ser nacional de Nicaragua.
2. Estar en pleno goce de sus derechos civiles y políticos.
3. Haber cumplido veinticinco años de edad.

Artículo 148. El Presidente y el Vicepresidente de la República ejercerán sus funciones durante un período de seis años, que se contará a partir de su toma de posesión el día diez de enero del año siguiente al de la elección; dentro de este período gozarán de inmunidad.

Artículo 149. En caso de falta temporal del Presidente de la República, asumirá sus funciones el Vicepresidente. Cuando la falta sea definitiva, el Vicepresidente asumirá el cargo de Presidente de la República por el resto del período y la Asamblea Nacional deberá elegir un nuevo Vicepresidente. En caso de falta temporal y simultánea del Presidente y del Vicepresidente, asumirá las funciones del primero el Presidente de la Asamblea Nacional o quien haga sus veces por ministerio de la ley. En caso de falta definitiva del Vicepresidente de la República, la Asamblea Nacional nombrará a quien deba sustituirlo en el cargo. Si faltaren definitivamente el Presidente y el Vicepresidente de la República, asumirá las funciones del primero el Presidente de la Asamblea Nacional o quien haga sus veces. La Asamblea Nacional deberá nombrar a quienes deban sustituirlos, dentro de las primeras setenta y dos horas de haberse producido las vacantes. Los así nombrados ejercerán sus funciones por el resto del período.

Artículo 150. Son atribuciones del Presidente de la República las siguientes:

1. Cumplir y hacer cumplir la CONSTITUCIÓN política y las leyes.
2. Representar a la nación.
3. Ejercer la facultad de iniciativa de ley y el derecho al veto, conforme se establece en la presente CONSTITUCIÓN.
4. Dictar decretos ejecutivos con fuerza de ley en materia de carácter fiscal y administrativo.
5. Elaborar el Presupuesto General de la República y promulgarlo una vez que lo apruebe o conozca, según el caso, la Asamblea Nacional.

6. Nombrar y remover a los Ministros y Viceministros de Estado, Ministros Delegados de la Presidencia, Presidentes o Directores de entes autónomos y gubernamentales y demás funcionarios cuyo nombramiento o remoción no esté determinado de otro modo en la CONSTITUCIÓN y en las leyes.

7. Asumir las facultades legislativas que la Asamblea Nacional, durante su período de receso, le delegue.

8. Dirigir las relaciones internacionales de la República, celebrar los tratados, convenios o acuerdos internacionales y nombrar a los jefes de misiones diplomáticas.

9. Decretar y poner en vigencia el Estado de Emergencia en los caos previstos por esta CONSTITUCIÓN Política y enviar el decreto a la Asamblea Nacional para su ratificación en un plazo no mayor de cuarenta y cinco días.

10. Reglamentar las leyes.

11. Otorgar órdenes honoríficas y condecoraciones de carácter nacional.

12. Organizar y dirigir el gobierno y presidir las reuniones del gabinete.

13. Dirigir la economía del país, determinar la política y el programa económico y social.

14. Proponer ternas a la Asamblea Nacional para la elección de los Magistrados de la Corte Suprema de Justicia, de los Magistrados del Consejo Supremo Electoral y del Contralor General de la República.

15. Dirigir a la Asamblea Nacional personalmente o por medio del Vicepresidente el informe anual y otros informes y mensajes especiales.

16. Las demás que le confieran esta CONSTITUCIÓN y las leyes.

Artículo 151. El Presidente de la República determina el número, organización y competencia de los ministerios de Estado, entes autónomos y gubernamentales. Los Ministros, Viceministros y Presidentes o Directores de entes autónomos y gubernamentales gozan de inmunidad.

Artículo 152. Para ser Ministro, Viceministro, Presidente o Director de entes autónomos y gubernamentales se requiere de las siguientes calidades:

1. Ser nacional de Nicaragua.
2. Estar en pleno goce de sus derechos políticos y civiles.
3. Haber cumplido veinticinco años de edad.

Artículo 153. Los Ministros, Viceministros, Presidentes o Directores de entes autónomos y gubernamentales son responsables de sus actos, de conformidad con la CONSTITUCIÓN y las leyes.

Capítulo IV. De la Contraloría General de la República

Artículo 154. La Contraloría General de la República es el organismo rector del sistema de control de la administración pública y del Área Propiedad del Pueblo.

Artículo 155. Corresponde a la Contraloría General de la República:

1. Establecer el sistema de control que de manera preventiva asegure el uso debido de los fondos.

2. El control sucesivo sobre la gestión del Presupuesto General de la República.

3. El control, examen y evaluación de la gestión administrativa y financiera de los entes públicos, los subvencionados por el Estado y las empresas públicas o privadas con participación de capital público.

Artículo 156. La Contraloría General de la República gozará de autonomía funcional y administrativa y será dirigida por el Contralor General de la República; éste rendirá informe anual a la Asamblea Nacional y gozará de inmunidad.

Artículo 157. La ley determinará la organización y funcionamiento de la Contraloría General de la República.

Capítulo V. Poder Judicial

Artículo 158. La justicia emana del pueblo y será impartida en su nombre y delegación por el Poder Judicial, integrado por los Tribunales de Justicia que establezca la ley.

Artículo 159. Los Tribunales de Justicia forman un sistema unitario, cuyo órgano superior es la Corte Suprema de Justicia. El ejercicio de la jurisdicción de los tribunales corresponde al Poder Judicial. Se establece la jurisdicción militar, cuyo ejercicio es regulado por la ley.

Artículo 160. La administración de la justicia garantiza el principio de la legalidad; protege y tutela los derechos humanos mediante la aplicación de la ley en los asuntos o procesos de su competencia.

Artículo 161. Para ser Magistrado de la Corte Suprema de Justicia, se requiere de las siguientes calidades:

1. Ser nacional de Nicaragua.
2. Ser abogado.
3. Estar en pleno goce de sus derechos políticos y civiles.
4. Haber cumplido veinticinco años de edad.

Artículo 162. El período de los Magistrados será de seis años y únicamente podrán ser separados de sus cargos por las causas previstas en la ley. Los Magistrados gozan de inmunidad.

Artículo 163. La Corte Suprema de Justicia se integrará con siete Magistrados como mínimo, elegidos por la Asamblea Nacional, de ternas propuestas por el Presidente de la República. Los Magistrados tomarán posesión de su cargo ante la Asamblea Nacional, previa promesa de ley. El presidente de la Corte Suprema de Justicia será nombrado por el Presidente de la República, entre los Magistrados elegidos por la Asamblea Nacional.

Artículo 164. Son atribuciones de la Corte Suprema de Justicia:

1. Organizar y dirigir la administración de justicia.
2. Conocer y resolver los recursos ordinarios y extraordinarios que se presenten contra las resoluciones de los Tribunales de Justicia de la República, de acuerdo con los procedimientos establecidos por la ley.

3. Conocer y resolver los recursos de amparo por violación de los derechos establecidos en la CONSTITUCIÓN, de acuerdo con la Ley de Amparo.

4. Conocer y resolver los recursos por inconstitucionalidad de la ley, interpuestos de conformidad con la CONSTITU- CIÓN y la Ley de Amparo.

5. Nombrar a los Magistrados de los Tribunales de Apelaciones y a los Jueces de los Tribunales de la República, de acuerdo con los procedimientos que señale la ley.

6. Dictar su reglamento interno y nombrar al personal de su dependencia.

7. Las demás atribuciones que le confieran la CONSTITU- CIÓN y las leyes.

Artículo 165. Los Magistrados y Jueces en su actividad judicial, son independientes y solo deben obediencia a la CONSTITUCIÓN y a la ley; se regirán entre otros, por los principios de igualdad, publicidad y derecho a la defensa. La justicia en Nicaragua es gratuita.

Artículo 166. La administración de justicia se organizará y funcionará con participación popular, que será determinada por las leyes. Los miembros de los Tribunales de Justicia, sean abogados o no, tienen iguales facultades en el ejercicio de sus funciones jurisdiccionales.

Artículo 167. Los fallos y resoluciones de los Tribunales y Jueces son de ineludible cumplimiento para las autoridades del Estado, las organizaciones y las personas naturales y jurídicas afectadas.

Capítulo VI. Poder Electoral

Artículo 168. Al Poder Electoral corresponde en forma exclusiva la organización, dirección y vigilancia de las elecciones, plebiscitos y referendos.

Artículo 169. El Poder Electoral está integrado por el Consejo Supremo Electoral y demás organismos electorales subordinados.

Artículo 170. El Consejo Supremo electoral está integrado por cinco Magistrados con sus respectivos suplentes, elegidos por la Asamblea Nacional, de ternas propuestas por el Presidente de la República. La Asamblea Nacional escogerá al Presidente del Consejo Supremo Electoral, de entre los Magistrados electos.

Artículo 171. Para ser Magistrado del Consejo Supremo Electoral se requiere de las siguientes calidades:

1. Ser nacional de Nicaragua.
2. Estar en pleno goce de sus derechos civiles y políticos.
3. Haber cumplido veinticinco años de edad.

Artículo 172. El Presidente y los demás Magistrados del Consejo Supremo Electoral ejercerán su función durante un período de seis años a partir de su toma de posesión; dentro de este período gozan de inmunidad.

Artículo 173. El Consejo Supremo Electoral tiene las siguientes atribuciones:

1. Organizar y dirigir las elecciones, plebiscitos o referendos que se convoquen de acuerdo a lo establecido en la CONSTITUCIÓN y en la ley.
2. Nombrar a los miembros de los demás organismos electorales, de acuerdo con la Ley Electoral.
3. Elaborar el calendario electoral.
4. Aplicar las disposiciones constitucionales y legales referentes al proceso electoral.
5. Conocer y resolver en última instancia, de las resoluciones que dicten los organismos electorales subordinados y de las reclamaciones e impugnaciones que presenten los partidos políticos.
6. Dictar de conformidad con la ley de la materia, las medidas pertinentes para que los procesos electorales se desarrollen en condiciones de seguridad para los partidos políticos participantes en las elecciones.
7. Demandar de los organismos correspondientes, condiciones de seguridad para los partidos políticos participantes en las elecciones.
8. Efectuar el escrutinio definitivo de los sufragios emitidos en las elecciones, plebiscitos y referendos; y hacer la declaratoria definitiva de los resultados.
9. Dictar su propio reglamento.
10. Las demás que le confieran la CONSTITUCIÓN y las leyes.

Artículo 174. Los Magistrados del Consejo Supremo Electoral, propietarios y suplentes tomarán posesión de sus cargos

ante el Presidente de la Asamblea Nacional previa promesa
de ley.

63

Título IX. División político administrativa

Capítulo I. De los Municipios

Artículo 175. El territorio nacional se dividirá para su administración en Regiones, Departamentos y Municipios. Las leyes de la materia determinarán la extensión, número, organización, estructura y funcionamiento de las diversas circunscripciones.

Artículo 176. El Municipio es la unidad base de la división política administrativa del país. La ley determinará su número y extensión.

Artículo 177. El gobierno y la administración de los municipios corresponde a las autoridades municipales, las que gozan de autonomía sin detrimento de las facultades del gobierno central.

Artículo 178. El período de las autoridades municipales será de seis años, a partir de la toma de posesión del cargo ante el consejo Supremo Electoral.

Artículo 179. El Estado promoverá el desarrollo integral y armónico de las diversas partes del territorio nacional.

Capítulo II. Comunidades de la Costa Atlántica

Artículo 180. Las Comunidades de la Costa Atlántica tienen el derecho de vivir y desarrollarse bajo las formas de organización social que corresponden a sus tradiciones históricas y culturales. El Estado garantiza a estas comunidades el disfrute de sus recursos naturales, la efectividad de sus formas de propiedad comunal y la libre elección de sus autoridades y representantes. Asimismo garantiza la preservación de sus culturas y lenguas, religiones y costumbres.

Artículo 181. El Estado organizará por medio de una ley, el régimen de autonomía en las regiones donde habitan las Comunidades de la Costa Atlántica para el ejercicio de sus derechos.

Título X. Supremacía de la Constitución, su reforma y de las leyes constitucionales

Capítulo I. De la Constitución Política

Artículo 182. La CONSTITUCIÓN Política es la carta fundamental de la República; las demás leyes están subordinadas a ella. No tendrán valor alguno las leyes, tratados, órdenes o disposiciones que se le opongan o alteren sus disposiciones.

Artículo 183. Ningún poder del Estado, organismo de gobierno o funcionario tendrá otra autoridad, facultad o jurisdicción que las que le confiere la CONSTITUCIÓN Política y las leyes de la República.

Artículo 184. Son Leyes Constitucionales: La Ley Electoral, la Ley de Emergencia y la Ley de Amparo, que se dicten bajo la vigencia de la CONSTITUCIÓN Política de Nicaragua.

Artículo 185. El Presidente de la República podrá suspender, en todo o en parte del territorio nacional, los derechos y garantías consagrados en esta CONSTITUCIÓN en caso de guerra o cuando así lo demande la seguridad de la nación, las condiciones económicas o en caso de catástrofe nacional. El decreto de suspensión pondrá en vigencia el Estado de Emergencia, por tiempo determinado y prorrogable. La Ley de Emergencia regulará su modalidad. Durante el Estado de Emergencia será facultad del Presidente de la República aprobar el Presupuesto General de la República y enviarlo a la Asamblea Nacional para su conocimiento.

Artículo 186. El Presidente de la República no podrá suspender los derechos y garantías establecidos en los artículos 23, 24, 25 numeral 3), 26 numeral 3), 27, 29, 33 numeral 2.1) parte final y los numerales 3 y 5), 34 excepto los numerales 2 y 8), 35, 36, 37, 38, 39, 40, 41, 42, 43, 44, 46, 47, 48, 50, 51, 56, 57, 58, 59, 60, 61, 62, 63, 64, 65, 67 primer párrafo, 69, 70, 71, 72, 73, 74, 75, 76, 77, 78, 79, 80, 81, 84, 85, 87, 89, 90 y 91.

Capítulo II. Control constitucional

Artículo 187. Se establece el Recurso por Inconstitucionalidad contra toda ley, decreto o reglamento, que se oponga a lo prescrito por la CONSTITUCIÓN Política, el cual podrá ser interpuesto por cualquier ciudadano.

Artículo 188. Se establece el Recurso de Amparo en contra de toda disposición, acto o resolución y en general en contra de cada acción u omisión de cualquier funcionario, autoridad o agente de los mismos que viole o trate de violar los derechos y garantías consagrados en la CONSTITUCIÓN Política.

Artículo 189. Se establece el Recurso de Exhibición Personal en favor de aquellos, cuya libertad, integridad física y seguridad, sean violadas o estén en peligro de serlo.

Artículo 190. La Ley de Amparo regulará los recursos establecidos en este Capítulo.

Capítulo III. Reforma constitucional

Artículo 191. La Asamblea Nacional está facultada para reformar parcialmente la presente CONSTITUCIÓN Política y para conocer y resolver sobre la iniciativa de reforma total de la misma. La iniciativa de reforma parcial corresponde al Presidente de la República o a un tercio de los representantes ante la Asamblea Nacional. La iniciativa de reforma total corresponde a la mitad más uno de los Representantes ante la Asamblea Nacional.

Artículo 192. La iniciativa de reforma parcial deberá señalar el o los artículos que se pretenden reformar con expresión de motivos; deberá ser enviada a una comisión especial que dictaminará en un plazo no mayor de sesenta días. El proyecto de reforma recibirá a continuación el trámite previsto para la formación de la ley. La iniciativa de reforma parcial deberá ser discutida en dos legislaturas.

Artículo 193. La iniciativa de reforma total seguirá los mismos trámites fijados en el **Artículo** anterior, en lo que sea conducente a su presentación y dictamen. Al aprobarse la iniciativa de reforma total, la Asamblea Nacional fijará un plazo para la convocatoria de elecciones de Asamblea Nacional Constituyente. La Asamblea Nacional conservará su mandato hasta la instalación de la nueva Asamblea Nacional Constituyente. Mientras no se apruebe por la Asamblea Nacional Constituyente la nueva CONSTITUCIÓN, seguirá en vigencia la presente CONSTITUCIÓN.

Artículo 194. La aprobación de la reforma parcial requerirá del voto favorable del sesenta por ciento de los Representantes. En el caso de aprobación de la iniciativa de reforma total se requerirá los dos tercios del total de Representantes. El Presidente de la República promulgará la reforma parcial y en éste caso no podrá ejercer el derecho al veto.

Artículo 195. La reforma de las leyes constitucionales se realizará de acuerdo al procedimiento establecido para la reforma parcial de la CONSTITUCIÓN, con la excepción del requisito de las dos legislaturas.

Libros a la carta

A la carta es un servicio especializado para
empresas,
librerías,
bibliotecas,
editoriales
y centros de enseñanza;
y permite confeccionar libros que, por su formato y concepción, sirven a los propósitos más específicos de estas instituciones.

Las empresas nos encargan ediciones personalizadas para marketing editorial o para regalos institucionales. Y los interesados solicitan, a título personal, ediciones antiguas, o no disponibles en el mercado; y las acompañan con notas y comentarios críticos.

Las ediciones tienen como apoyo un libro de estilo con todo tipo de referencias sobre los criterios de tratamiento tipográfico aplicados a nuestros libros que puede ser consultado en Linkgua-ediciones.com.

Linkgua edita por encargo diferentes versiones de una misma obra con distintos tratamientos ortotipográficos (actualizaciones de carácter divulgativo de un clásico, o versiones estrictamente fieles a la edición original de referencia).

Este servicio de ediciones a la carta le permitirá, si usted se dedica a la enseñanza, tener una forma de hacer pública su interpretación de un texto y, sobre una versión digitalizada «base», usted podrá introducir interpretaciones del texto fuente. Es un tópico que los profesores denuncien en clase los desmanes de una edición, o vayan comentando errores de interpretación de un texto y esta es una solución útil a esa necesidad del mundo académico.

Asimismo publicamos de manera sistemática, en un mismo catálogo, tesis doctorales y actas de congresos académicos, que son distribuidas a través de nuestra Web.

El servicio de «libros a la carta» funciona de dos formas.

1. Tenemos un fondo de libros digitalizados que usted puede personalizar en tiradas de al menos cinco ejemplares. Estas personalizaciones pueden ser de todo tipo: añadir notas de clase para uso de un grupo de estudiantes, introducir logos corporativos para uso con fines de marketing empresarial, etc. etc.

2. Buscamos libros descatalogados de otras editoriales y los reeditamos en tiradas cortas a petición de un cliente.